髙橋藍

カラフルデイズ

文藝春秋

l Days

Ran Takahashi 2021-2022

Colorfu

2001 9月2日、京都府京都市に生まれる

2009 京都市立常磐野小学校2年生のときにバレーボールを始める

2014 京都市立蜂ヶ岡中学校に進学し、兄とともに全国大会に出場。
決勝トーナメント2回戦進出（ベスト16）

2015 全国大会出場。決勝トーナメント1回戦出場（ベスト27）

2016 全国大会出場。決勝トーナメント1回戦出場（ベスト27）

2017 東山高等学校に進学

2019 3年時にバレー部主将となる。
インターハイに出場しベスト4。
国体に京都代表として出場し優勝

2020 春高バレーで優勝し、最優秀選手に選ばれる。
2月に日本代表に初めて選ばれる

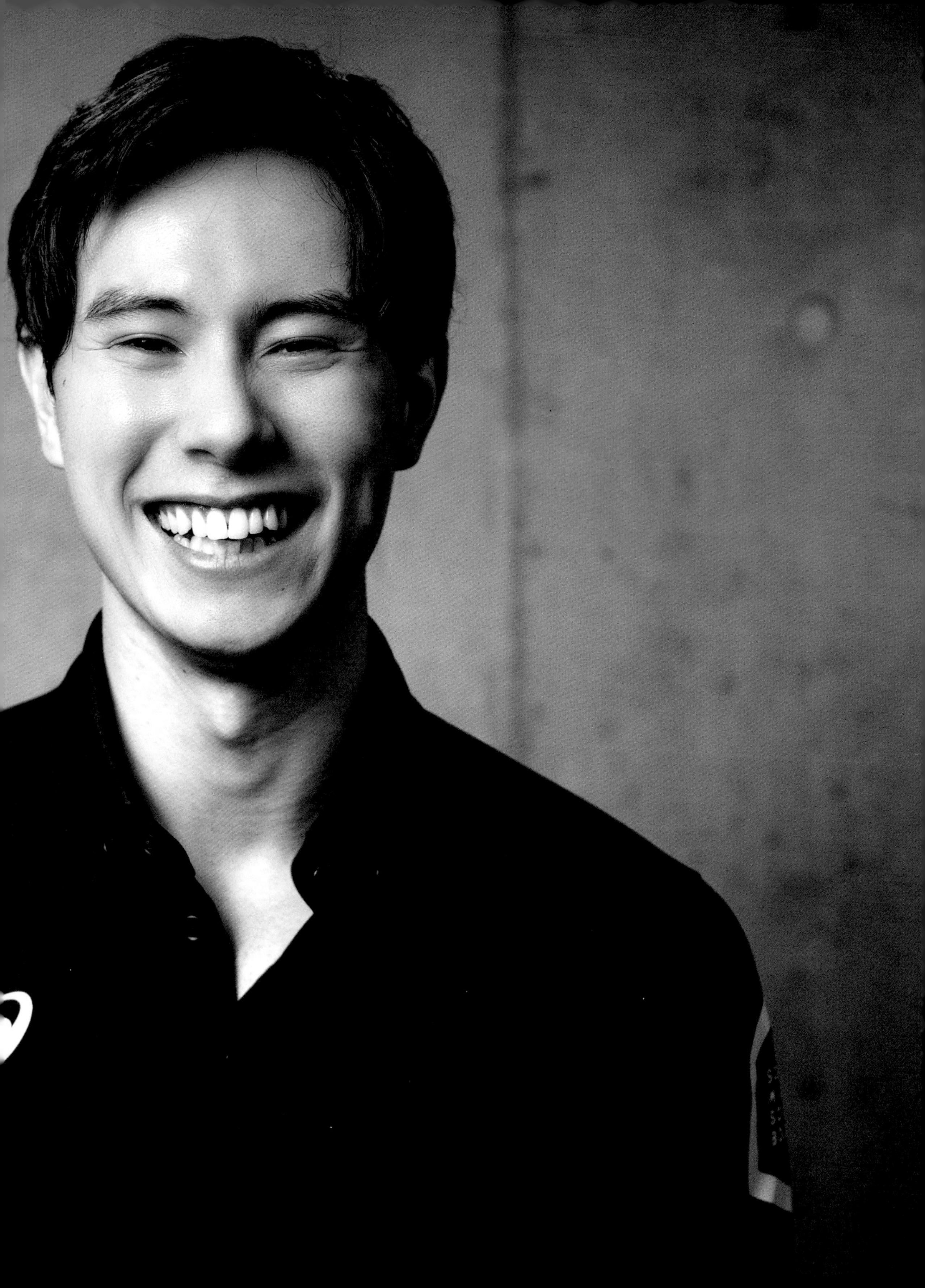

2020
日本体育大学に入学。
8月、紅白戦で代表戦デビューを果たす。
12月の全日本インカレに出場し、準優勝に貢献

2021
5月、東京チャレンジの中国戦で初の国際試合に出場。

5～6月のネーションズリーグにも出場。

8月の東京オリンピックでは、最年少メンバーとして全試合にスタメン出場。アジア選手権では準優勝に貢献した。

12月、イタリアセリエＡのパッラヴォーロ・パドヴァに期限付きで入団

2022
日本代表として、ネーションズリーグ、世界選手権に出場。
世界選手権では決勝トーナメント進出に貢献した。
9月より、再びパドヴァでプレー

Spring

EMPO

EMPORIO ARMANI

Happy Birthday

Memories
in school days

バレーボールを初めて知ったのは、小学校1年生の頃。たまたま国際大会を見て、兄の塁が「バレーボールをやりたい！」と言い出したことがきっかけでした。

もともと髙橋家はバレーボールとは無縁で、そもそも野球好きの父が子供につけた名前は「塁」と「藍」。僕も小学生の頃からよく父とキャッチボールをした記憶はありますが、バレーボールはなかった。でもたまたま国際試合をテレビで見たことで急に塁のバレー熱が高まってしまって（笑）、塁は練習相手がほしい。そこにいたのがまさに僕です。運動自体は好きでしたが、どちらかといえば当時の僕は野球やサッカーのほうが楽しかった。塁が4年生になってバレーボールクラブに入り、練習へついていくようになっても「僕はやらへん」と拒否していたのですが、ある日突然、親が僕のシューズやウェアなどバレーボールグッズを一式用意してきた。いつでもバレーボールができる環境、状況がそろえられてしまい（笑）、やむなく小学校2年の頃に母から「やってみたら？」と。最初は渋々練習に出て、なんとなく試合にも出るようになってしまったのですが、やってみると意外と楽しかった。まさに塁の思惑通り（笑）、僕のバレーボール人生が始まりました。

それなりにやればできるし楽しいけれど、当時の僕はそれほどバレーボールを好んでやっていたわけではありませんでした。だって、当時は小学生。土日も練習へ行くのではなく友達とゲームをしたり、普通に遊びたい。そもそも日曜はゆっくり寝たい（笑）。そんな僕をどんどん深みにはまらせたのは、やはり兄の塁でした。

2歳違いで性格も穏やか。小さい頃からケンカをすること自体少なかったですが、ケンカになる時はいつも原因をつくるのは僕です。かまってくれないからとちょっかいを出して、無視されてもつきまとう。そのうち塁が怒って、いい加減にしろ、とボコボコにされて終わる（笑）。でも、あるときからそんなケンカすらしなくなりました。

なぜか。理由は簡単。バレーボールです。

もともと小さい頃から2歳違いとは思えないほど大人で、気を遣ってくれるし世話好きの優しい兄ですが、僕がちょっかいを出しても怒らなくなったのは、塁の中で「自分が藍をバレーボールに巻き込んだ」という思いがあったから。ケンカして、僕がヘソを曲げて「バレーなんかやらない！」と言われれば塁が困るというのも現実としてあったかもしれませんが、兄弟2人でバレーボールをしたい、という思いが強かった。

でも気づかぬうちに、自分から「やりたい」と思っていたわけではないバレーボールに僕もハマっていた。それも理由は塁です。2歳上なので、当然僕が同じチームへ入る時には塁がチームの中心にいる。弟としては心強いのですが、結果が出れば塁が褒められるし、塁の手柄になる。当たり前といえば当たり前なのに、負けず嫌いな気持ちが出て、僕は内心悔しかった。塁を超えたいとか、負けたくないと口に出したことはないけれど、小学生の頃は心のどこかにその思いがあって、気づけば僕もすっかりバレーボールの世界にハマってしまっていました。

大人になった今も仲が良く、母からは「付き合うなら藍だけど、結婚するなら塁」と言われる兄弟ですが（笑）、バレーボール選手としての第一歩を踏み出すきっかけをつくってくれたのは間違いなく、兄、塁です。

今でも大事な存在であることに変わりはありません。

バレーボールを始めるきっかけは塁ですが、今のようにこうしてバレーボール選手になりたいと本気で考え始めた時期はいつか。2013年、7年後の東京オリンピックの開催が決定してからでした。

当時僕は小学校6年生、「バレーボールをやっているうえでトップは日本代表選手になって、オリンピックに出てメダルを獲ることや」といろいろな人から言われたこともあり、小学校の卒業文集にも将来の夢として「バレーボール選手になりたい」と書きました。

東京オリンピックが行われる2020年は19歳になる年。バレーボール選手としてはまだ若いのかな、と思いましたが、自国開催のオリンピックに出られるチャンスなどめったにない。自分の目標、進みたい道がハッキリ見えたのはこの時でした。

とはいえ当時のチームは僕を含め、経験者が数人いる程度で初心者ばかり。そして僕自身も中学に入学した時は身長が155cmしかなく、同級生の女子のほうが圧倒的に僕よりデカかった。完全に見下ろされていました（笑）。バレーボール部の中でも大柄な部類でなかったうえに、塁ともう1人、打てる選手がいたので中学1年当時のポジションはリベロでした。

多くの報道で「リベロの経験がある」と取り上げられましたが、実はその前にセッターの経験もあります。でも当時は身長が低いだけでなく筋力もないから、毎回ボールをオーバーでトスにするのが難しいし、腕がパンパンになる。小学生の頃とはボールの大きさ、重さも変わるので練習するだけで腕が痛い。それだけで僕は嫌でしたが、たぶん僕以上に僕がセッターであることが嫌だったのは塁です。チームのエースだった塁は、トスが悪ければセッターに「トスが悪い」と言わなければならないけれど、弟の僕には言いづらい。僕も自分が上げたトスを塁が打ってくれるよりも、自分のレシーブを塁が打ってくれるほうがやりやすかったし、楽しかったので、中学1年の頃はリベロとして定着しました。

ところがここで1つ問題が生じました。背が伸びないのです。中学2年になる頃には周りはどんどん身長が伸びていく。「俺も伸びるやろ」と思っていたのに、2年になっても伸びず、3年になっても（身長は）170㎝もない。「このまま伸びひんかも」と焦っていたら、中学3年の夏を過ぎた頃からグンと伸び出して、1年で10㎝以上伸び、スパイクの高さも見える景色も変わった。そこからは一気にバレーボールが楽しくなりました。

素人集団であったにもかかわらず、1年から3年までの3年間、全国大会に出場できたことも当時の僕には大きかった。近畿大会で勝つのも難しいのに、全国となればもっとレベルが上がる。同年代でも自分よりすごいスパイクを打つ選手や、ものすごいプレーをする選手がたくさんいて、特に「すごいな」と思ったのが後に東山高校でチームメイトになった中島健斗選手と、金子歩嵩選手。セッターの健斗は中学生と思えないような技術とトスワークがあり、歩嵩もデカくてスパイクにパンチ力がある。

こいつらに勝たないと、トップは取れないんだ。

日本一になる、ということを現実の目標として考え始めたのも、「もっとうまくなりたい」と思うようになったのも、間違いなく中学時代の3年間でした。


東山高校を選んだ理由もまさにそう。壘がいたというのも大きな理由でしたが、中学の全国大会で「すごい」と思った健斗が東山へ進む、というのも大きな要素でした。

壘からも練習の厳しさは聞いていましたし、バレーボールに対して真摯に向き合う熱いチームであることもよくわかっていた。でも実際の練習は想像をはるかに上回っていました。全国大会、日本一を目指すチームだから派手な練習をするのではなく、東山の練習はレシーブを重視したものが多く、地味だけれど質にこだわる。6対6でのゲーム形式の練習もありましたが、そこまでに徹底的にレシーブ練習やパス練習をして、平日でも授業を終えてから4～5時間の練習は当たり前。毎日家へ帰るとクタクタでした。

全国大会出場が目標だった中学時代からステージが上がり、東山では全国大会出場はもちろん、全国で勝つこと、優勝することが目標です。当然日頃の練習も厳しくなるのですが、中学時代のように監督から怒られるだけでなく、高校ではよくないと思うことがあれば監督はもちろん先輩や同期からも厳しく指摘される。ただバレーボールがうまければいいというのではなく、礼儀やスポーツ選手としてあるべき姿、謙虚な姿勢など人として大事なことを教えていただき、それは今、こうしてイタリアへ渡りセリエAというプロリーグで戦う中でも生かされています。大人になった今では「感謝」の言葉しかありませんが、当時を振り返ればとにかく練習は厳しかったし、毎日大変だった。でもなぜあれほど頑張れたか、と言えばやはり大きな目標があったからで、特に1月開催の春高バレーは僕にとって、バレーボールをしている高校生すべてにとって最も大きな憧れの大会でした。

全国47都道府県の予選を勝てば出場できる。チャンスはあるのですが、京都は全国でも激戦区と言われる通り、僕がいた3年間、特に1、2年の頃に代表決定戦で壁になったのが洛南高校でした。お互い全国のどの相手よりも対戦するのが嫌、というぐらい代表決定戦は毎年熾烈を極めます。打倒洛南を誓い、塁と出られる最初で最後の春高出場を目指した1年生の時も、僕たちは洛南に負けてしまった。大きなプレッシャー、重圧に打ち克つことができませんでした。

春高が高校最後の大会なので、負ければ終わり。僕はただ「塁のために」と思って戦っていたし、塁のために勝ちたかった。何よりもっと一緒にバレーボールがしたかった。負けた瞬間は悔しくて、申し訳ない気持ちばかりで涙も出ませんでしたが、塁は泣いていた。その時は何も声をかけられなかったし、家に帰ってからも特別な話をしたわけではありません。今思い返しても悔しいですが、洛南というライバルがいたから強くなれた。それも間違いありません。

２年の春高も僅差で洛南に負けて、また春高には届かなかった。思い返せば、当時の僕は悔しさの塊でした。

全国大会に出られないこともですが、U18などアンダーカテゴリー日本代表に選ばれて国際大会に出場したい、という憧れもある中、僕は全く、そこには選ばれない選手だったからです。あまり表に出すことはありませんでしたが、それがとても悔しかった。今となっては、アンダーカテゴリー日本代表に選ばれなくても頑張れば日本代表になることもできるし、イタリアリーグでプレーすることもできる。今悔しい思いをしている高校生には「そこは気にしなくてもいいよ」と言ってあげることもできますが、当時の自分を振り返れば僕も本当に悔しかった。でもその闘争心、反骨心も強くなる力になりました。

だからこそより一層、とにかく結果を出したい、日本一になりたいという思いが強かったので、高校最後の年は大げさではなく春高で優勝することしか考えていませんでした。とはいえそれまで出たことがないので、どうしたらいいのかわからない。しかもチームのキャプテンとして自分が頑張るだけでなく、周りも引っ張っていかなければならない。エースとしてチームを勝たせるということよりも、キャプテンという立場は重く、とても大変なことばかり。

その中でも僕が一番苦しかったのは、周りに怒らなければならなかったことです。もともと周りに何かを言うのも得意ではないし、極力怒りたくない。それでもチームが強くなるため、勝つためには怒らなければならないシチュエーションもある。あくまで強くなる、勝つために必要だから怒るんだ、とお互いが理解し合うことが大切だと思ったので、練習中にはバーッと怒った選手に対しても、練習が終われば普通に話しかけ、オンとオフは切り換える。1つのチームとしていい関係が築けていたと思います。

嫌だと思いながらも必要と感じれば周りにも厳しく、時に怒る。それが決して得意ではないとわかっているからこそ、キャプテンの僕をいつもサポートしてくれたのがセッターで副キャプテンでもあった健斗です。そして、僕が一番怒った相手も健斗でした。

2年時の春高予選直前、練習中に健斗は肩を負傷しました。一時はトスを上げることもできず、全体練習にも入れず別メニューでしたが、徐々に復帰して同じ練習ができるようになった。やっと健斗が戻ってきた、とみんなが思っていたのですが、3年になる頃、健斗は練習でも気が抜けたプレーが続き、監督の逆鱗に触れてAチームから外され、Bチームへ。Aチームは後輩の荒木琢真がセッターを務め、もちろん琢真のトスも打ちやすいのですが、僕も監督も、それこそ琢真も含めたチーム全員が「このチームの正セッターは健斗だ」と思っているのに、本人が一向に上がってこない。それどころかAB戦の時にもBチームでトスを上げる健斗がどこかヘラヘラした感じでプレーをしているのを見て、僕はブチ切れました。

「もうお前なんかいらん！」

怒るのは嫌、心が痛い、と思いながらも、ここで健斗を引き戻さなければ絶対にチームは強くならない。その一心でした。監督でもないのに「お前が代わって上げろや」と健斗を無理やりAチームに戻し、トスを上げさせる。練習試合でも、ここは俺やろ、と思うところで違う選手にトスを上げれば「俺に持ってこい」と厳しく言ったこともあります。僕にとってもチームにとっても健斗は大切な存在だったので、ずいぶん怒りましたね。

でも健斗にも思いが伝わり、全員で強くなることができた結果、僕たちは京都代表として春高に出場し、試合を重ねるごとに強くなった。1人ひとりが自分のプレー、いいプレーをしてチームの勝利、優勝のために貢献する。その思いと重ねてきた練習の成果が結びつき、春高優勝という大きな目標を叶えることができました。

勝った瞬間は本当に嬉しかったですが、ホッとした、というのが正直な気持ちでした。だからその時は涙も出なかった。

一気に涙が溢れたのは、応援席にいる塁の姿を見た時でした。僕のバレーボール人生は塁のおかげで始まり、塁のためにバレーボールをやってきた。それがこうしてつながったんや、と思うといろんな思いがこみ上げてきて、涙が出ました。

夢だった塁との対戦も、大学1年の全日本インカレで叶えることができた。それだけでもラッキーだし幸せだよな、と思いますが、高校最後の春高から僕のバレーボール人生は想像もしない方向へと進みだしました。

オリンピックや世界選手権、経験を重ねても「自信があります」とは言えないし、最終的な目標であるオリンピックでメダルを獲ることに向けてもまだまだこれから。ですが、ネガティブで、考えすぎるタイプだった子供時代からすれば、ほんと、想像もできない(笑)。あの頃の自分に声をかけられるならば僕はきっとこういいます。

「そんなに考えこまなくていいから気軽にバレーを楽しんでおけよ、何とかなるから」

あの頃描いた夢をはるかに超えた日々を、今の僕は過ごしています。

2021.12 at Padova

はじめてのパドヴァ

僕は今、イタリア、パドヴァにいます。

日本を出国したのは12月10日。全日本インカレを終えたばかりで、新型コロナウイルスの変異株も広がり、どうなるんやろう、と少し不安でしたが、空港に到着するとパドヴァのクラブのマネージャーさんが迎えに来てくれて、ランチをしてから寮で寝る。驚くほどスムーズにイタリアでの1日目が始まり、それからの日々もあっという間。

振り返ればもうイタリアに来て3週間が過ぎましたが、生活にも慣れ、楽しく過ごしています。僕、もともと適応能力は高いので（笑）。ビビることも、不安になることもありません。

全部が新しいことばかりで、自分にとってはすべてが新しい経験。今ここにいる以上、起きることのすべてを当たり前だと受け止め、対応していく。毎日が新鮮なことばかりで、日本語が話せないのは寂しいけれど、望んできた場所で楽しい日々を過ごしています。

パドヴァは穏やかな街で、人も優しい。チームメイトも日本から来た僕に対して、とても親切です。日本にいる間、英語の勉強をしてきたつもりですが、まだまだカタコトでパーフェクトには程遠いけれど、いろんな話をしてくれるし、いろんなことを聞いてくれる。

特によく話題に上がるのが日本のアニメやマンガについてです。選手だけでなく、クラブのマネージャーの女性もセーラームーンが好きで、こちらにある日本のアニメショップにも連れていってもらいました。むしろ僕よりも周りのチームメイトのほうが日本のアニメには詳しいぐらいなのに「日本のことをもっと教えて」と聞いてくれる。みんな興味津々です。

同じパドヴァでプレーしていた（石川）祐希さんや、越川（優）さんと違い、まだ現役の学生で、車の免許がない僕は大学の寮で暮らしています。チームメイトの中にも学生の選手がいるので、練習や試合へ行く時は車に乗せていってもらったり、練習の後には一緒に食事へ連れて行ってもらったり。生活面に関してほぼ不自由はないですが、せっかくだからイタリアの食材を使って料理をしてみよう、とオフの日に買い物へ行き、料理をしてみたところ、まだ僕には合わなかったようでお腹を壊してしまいました（笑）。

生活面ではまだまだ慣れないことも多いですが、バレーボールに関しては全く問題ない。日本代表でも（フィリップ・）ブラン（現監督）が練習中に指示を出す時にも英語でしたし、ブランとの会話は基本的に英語でした。イタリアでも監督はイタリア語を話しますが、練習中はコーチが英語でフォローしてくれるし、基本のバレーボール用語は同じなので、戸惑うことなく入ることができました。

何より、パドヴァは選手だけでなく監督やコーチも自ら楽しんでバレーボールをするチームなので、練習中もいつもイキイキして、とにかく楽しい。みんなが楽しんでいるのが印象的です。

パドヴァはチームコンセプトとして「サーブは攻める」という決まり事もあるので、どんな状況でもサーブは勢いを持って攻める。自分のプレースタイルもまさにそうなので、とてもやりやすいし、自分のプレーを出しやすい環境でもあります。

すでにリーグが開幕している中で加入したので、できるだけ早く試合に出られたらいいな、と思っていたのですが、想像より早くそのチャンスが巡ってきた。18日（現地時間）のモデナ戦が、僕のイタリアでのデビュー戦になりました。

練習でのＡＢ戦もメンバーを固定するのではなくいろいろ代えながらやっていて、映像やデータを見ながら相手の特徴を教えてもらっていたので「もしかしたら出られるかもしれない」と期待していました。だから実際に、試合終盤で「ラン、行くぞ」と言われた時は、「出るんや」と思ってびっくりしたけど嬉しかった。

相手は強豪のモデナで、（イアルバン・）ヌガペト（フランス代表）選手のような、スーパースターがいるチーム。パドヴァのサポーターもものすごく盛り上がっていたし、僕が出た時も「ウェルカム、ラン！」という空気で迎えてくれて、僕も楽しみとワクワク感しかなかった。やってやろう、とだけ思ってコートに入ったので、全く緊張はしませんでした。

イタリアの会場は日本と違って、コートにいてもポップコーンの香りがするぐらい、観客の方々との距離も近い。あの雰囲気がすごく新鮮でしたね。日本でも映像を見てくれて、後からたくさん連絡をもらったのですが「普通にやっていたな」と言われました（笑）。それぐらいとにかく楽しかったし、スパイクを決めて、初得点を挙げることもできた。

出るチャンスがあればどんどん自分のいいパフォーマンスを出していけると思いますし、もっともっとやっていかなきゃいけない。持っている力を出して、さらにいろいろなことを試合の中で感じ取っていきたいです。

２０２１年は僕にとって、大きな変化の年でもありました。

東京オリンピックに出場して、日本男子代表として29年ぶりにベスト８へ。見て下さる

2021.12 at Padova

方や、僕のことを知って下さる方も増えて「ありがとう」「感動した」という言葉もたくさんかけていただき、本当に力になりました。

イタリアに行きたいと思ったのも自分自身のレベルアップやブロックの高い相手に対してどう攻めるか、さまざまな課題を克服するためのチャレンジで、一番は自分のためにと考えての決断でした。

応援して下さる方々や、サポートして下さるたくさんの方々に恩返しをして、感動を与えられるような存在になるためにも、自分がもっと強くなりたい。世界各国からすごい選手、強い選手が集まるイタリアセリエAのスーパーリーグでプレーできることは、これ以上ない、誰もができるわけではない貴重な経験です。

だからこそ、今チャレンジできることに感謝して、まずはこの半年を全力で楽しみ、全力でバレーボールをする。振り返らず前だけを見て強くなることだけを考えられるのは、自分にとって本当に楽しいことですし、ここからもっと強くなる姿、挑戦していく姿を応援して下さる方々や、これからバレーボールを始める子供たちにも見てほしい。

今はイタリアに来たばかりで、とにかくワクワクしているこの気持ちが、来月にはどうなるのか。3カ月先、半年先にはどう変わっていくのか僕も楽しみで、その時々の心境をお伝えするのはバレーボールとは違う挑戦でもあり、自分自身の貴重な記録です。僕の姿を見て、夢を持ってもらえたら最高だし、〝髙橋藍〟という存在がバレーボールの魅力を伝える1つのきっかけになれば嬉しいです。

年明けにはすぐ、イタリア国内のカップ戦が始まります。新しい年も、勢いを持って楽しく頑張ります。

2022.1 at Padova

ハッピーニューイヤー

2022年、僕は人生で初めて日本ではなくイタリアで新年を迎えました。

今年最初の試合は、トーナメント戦のコッパ・イタリア。準々決勝でペルージャと対戦し、0対3のストレートで敗れてしまいましたが、イタリアセリエAのトップクラブでもある相手と戦えたこと。その経験だけでなく、途中出場とはいえ全セット、特に3セット目はスタートから最後までコートに立てたことも大きな自信になりました。

それにしてもペルージャ、強かった。なかでも（第3セットだけで4本のサービスエースを記録したポーランド代表のウィルフレド・）レオン選手のサーブはやばかった。

サービスエースを取られて、時速何キロかな？　とビジョンを見たら136キロ。さすがに「マジか」と驚き、むしろ笑うしかないぐらいすごかったです。日本では西田（有志）選手が最速だと思うのですが、ベストの状態で122キロ。それも受ける側からすればものすごい速さなのですが、レオン選手は常に130キロを超えるサーブを打ってくる。サーブというよりもバックアタック、世界のすごさをまた改めて思い知りました。

無事試合ができたことは喜ばしい限りですが、昨年末のイタリアは日本以上にコロナ禍で、連日陽性者の人数も増えるばかり。僕が所属するパドヴァも陽性者が数人出て、試合も練習もできない期間が1週間弱ありました。その間は自宅隔離で、できることも限られるし、本当ならば年末に石川選手と会う約束もあったのですが、それも叶わなかった。

年越しも家でゆっくり過ごしました。思い返せば初めて家族と一緒に過ごさない年末年始で、少し寂しい気持ちもありましたが、年が明ける〝ハッピーニューイヤー〟の瞬間、至るところから爆竹の音が響いてきた。僕は京都の静かなお正月しか知らなかったので(笑)、その爆竹の音に、すごいな、本当に海外にいるんやな、と実感しました。

日本にいれば成人式で、地元や高校時代の友人に会う機会もあり、実際楽しそうにしている写真やSNSを見ると寂しい気持ちもありました。でも自分が希望してイタリアへ挑戦しに来ているので、逆にこちらで今できることを楽しまなきゃいけない。みんなに会いたいけれど、でも今は自分の信じた道を進もう、と思うと同時に、1年前は春高のゲスト解説をしていたんや、と思うと不思議な気持ちになりました。

イタリアにいても春高のダイジェスト映像は見られるので、母校・東山が出ていることもあり、いろいろな試合や選手を見ていました。今年は絶対的な優勝候補と言われるチームもなく、どこが勝つのかわからない、と勝敗の行方を追うこと自体も面白かったですし、2m超えの有望選手も多かった。

日本代表での活躍も期待されるであろう選手たちが「髙橋藍選手が目標です」と言ってくれるのは素直に嬉しかったですし、大きいから打てばいいというだけでなく、レシーブもできる選手にならなければいけない、という意識が浸透しているのかな、と感じる機会にもなりました。

しかもその選手たちが「日本代表で活躍したい」と言うだけでなく、「海外へ行きたい」と話す選手も多かったと後で聞き、それもすごくいいことだな、と思いましたね。もちろん僕も高校時代から「海外へ行きたい」と思っていましたが、当時は今すぐとは思えず「いつかチャンスがあれば」という程度でした。だから今、春高に出た選手たちが高校生の頃から「海外でプレーしたい」と目標を持つのはすごいことだし、もし少しでも僕がそのきっかけや、影響を与えることができているのだとしたら嬉しいです。

　自分のバレー人生を振り返っても、スタートしたのはバレーを始めた小学生の時ですが、今につながるキャリアを築けるようになったのは春高で優勝したことです。

　あれから東京五輪にもつながって、人生が変わった。本当の意味でバレー人生のスタートとも言える大会だったので、僕にとっては大切なきっかけでもあり、そこから今回どんどんいい選手が出てきたので、僕ももっともっと自分を磨かなきゃいけない、強くならなきゃ、と思うし、追い抜かれないように頑張らなきゃ、と刺激をもらいました。

　高校生で出場した春高からまだ2年しか過ぎていないのに、今はイタリアにいる。自分でも信じられないと思うこともありますが、毎日の練習、試合、味わうすべてがハイレベルな刺激しかない世界で、感じること、学ぶことは数えきれないほどにあります。

　レオン選手のサーブに度肝を抜かれたペルージャ戦でも、審判のジャッジ1つに対しても選手は真剣で、誤審だと思えば徹底的に抗議する。イエローカードが出ることも恐れず、とにかく「この1点は絶対落とせない」とばかりに、食らいつく。それは1点の重みを知り、その1点で負けることもあり、その1点に人生をかけているから。1つのプレーにものすごく喜ぶし、同じように1つのプレーでめちゃくちゃ悔しがる。ケンカになるぐらい言い合ってでも、勝つこと、結果を残すことにこだわる。バレーボールで生きていく以上、それぐらい魂を込めなければダメだ、と感じさせられました。もちろんそれは外国の選手だけでなく、イタリアでプレーする日本人も同じ。石川選手はまさにその象徴です。

　僕も石川選手から何度も「海外へ行って意識が変わった」と聞かされ、実際にイタリアでプレーする石川選手は感情も露わにするし、本当に力強くて頼もしい。学生時代からイ

2022.1 at Padova

タリアで6シーズンプレーして、ミラノというトップクラブでスタメンを張る、世界と渡り合う選手です。まだまだ、今の自分では石川選手に追いついていないことはわかっていますし、大きな目標であることに変わりはありませんが、同じステージで戦う以上は負けたくない。

2月には石川選手がいるミラノと対戦します。まず会えること自体が楽しみなのですが、対戦できるのは本当に楽しみで、できるならこの試合はスタートから出場できるように頑張りたい。もし自分もコートに立って対決することができたら、1本目のサーブは絶対に石川選手を狙うし、石川選手が僕を狙って来ても絶対に（レシーブを）返したい。バレーボールはチームスポーツですが、この機会だけは、1対1の対決では石川選手に絶対負けたくない。いや、負けません（笑）。

少しずつ試合出場の機会も増えてきたので、これからもできる限りアピールしたいですし、イタリアでも変わらず自分らしく、堂々とプレーしたい。急激な成長を遂げるのは難しいかもしれませんが、まずは1つひとつ、1試合ずつ、どんな相手にもひるまず自分の力を出したいですね。

日本でも、海外でも、たくさんの方が応援して下さっていることは本当にありがたいですし、その応援に応えるにはどんな状況でも頑張る姿を見せること。堂々としたプレーを見せ続けて、戦う姿勢を伝え続けることだと思うので、もっと強くなれるように、新しいことへの挑戦を恐れず、ブレずに頑張ります。石川選手との日本人対決、イタリアの方々はもちろん、日本の皆さんも楽しみにしていて下さい！

2022.2
at Padova

何のために
イタリアに
来たのか

短期間で世界はこんなに変わるんや、と思わされた1カ月。イタリアにやってきた頃には想像もしなかった出来事が、この短い時間の中で、いくつもありました。

セリエAも中盤から終盤に差し掛かり、多くの熱狂的なサポーターの応援、声援を受けながら試合ができる日常は変わりません。でも、(ロシアによるウクライナ侵攻に反対して)試合前や試合後、選手たちが「NO WAR」とメッセージを発信しています。そんな事態が訪れることなど、日本にいる頃は想像もしていませんでした。

まず大前提として、僕は戦争をしていた時代を経験していない、でも戦争はすべきでないことはわかる。軽はずみなことは言えないとわかっていますが、今イタリアにいて、さまざまなニュースを目にする機会も増えました。これからの状況次第では、日本に無事帰れるのかどうかすらわかりません。本当に深刻な問題であることは日に日に強く感じています。

パドヴァにはイタリア人だけでなく、ドイツ人、カナダ人、ブルガリア人、そして日本人の自分。さまざまな国籍の選手がいますが、人間はみんな一緒だ、とイタリアに来て、いろいろな出来事を通してそう実感しています。

単純な考えかもしれませんが、だからやっぱり戦争はダメだし、やってはいけない。軽はずみに偉そうなことは言えませんが、僕はそう思います。

本当は今年ロシアで開催されるはずだった男子バレーの世界選手権も会場が変更になりました。どこで開催できるのか。その前にネーションズリーグはどうなるか。先のことを考えるとわからないことばかりですが、イタリアではこれまでと同じようにリーグ戦が行われ、コッパ・イタリアも開催されました。僕がやるべきことは、目の前の試合に勝つために自分の力を尽くす。今はそれだけだと思っています。

いろいろと考えさせられる出来事が多くあった中、楽しみなこともありました。待ち望んでいた、石川選手との対戦です。

2月27日、パドヴァで行われたミラノとのホームゲーム。僕がイタリアに来て、日本人選手がいるクラブと対決するのは初めてだったので、個人的にも本当に楽しみな試合でしたし、イタリアでも〝日本人対決〟には高い関心を寄せていただきました。イタリア国内だけでなく、オランダやドイツにいる日本人の方も含め、会場に多くの方々が訪れて下さったのも本当に嬉しく、力になりました。

アタッカーとして1本でも多くスパイクを打ちたい、決めたいという思いは強く持っていましたが、その日の試合で僕のポジションはリベロ。映像を通して試合をご覧になり、驚かれた方も多かったのではないでしょうか。

実はその3日前、監督から「話がしたい」と呼ばれ、「リベロとして出場してほしい」と告げられていました。

理由は明確です。パドヴァは現在12位。降格圏内でもあり、西田選手が在籍する11位のビーボとの次の試合に勝つか負けるかで、降格か、残留かがほぼ決まると言っても過言ではありません。いわば、追い込まれた状況に立たされています。

昨年末から僕も加入し、ここ数試合は途中出場でチャンスを与えていただきましたが、僕自身はもっと試合に出たいと思ってきました。でも負けられない試合が続く中、監督の構想、チームの共通認識として「リーグ前半にチームがうまく回っていた時のメンバーで固めたい」という考えが強くなっていたのも現実です。一方で、僕のレシーブ面は非常に高く評価してくれていた。そこで監督からは「ディフェンス面を安定させるためにもリベロとしてフル出場してくれないか」と伝えられました。

正直に言えば、複雑でした。

練習から自分でもレシーブ面はアピールできていたと思うし、評価していただいたのは単純に嬉しい。でもスパイクの評価はまだまだ低いのか、と感じたのも事実です。悔しさもありました。

だけどそこですぐに切り替えられたのは、自分は何のためにイタリアへ来たのか、と改めて考えた時、1つの答えがあったからです。

スパイカーとして経験を重ねたいのはもちろんですが、世界の高さやレベルといった技術面の向上に加え、これからも日本代表で活躍し続ける選手になるために、リーダーシップを発揮し、チームの軸と言うべき選手になりたい。

ならばそれはアタッカーとしてだけにこだわるのではなくどのポジションでも同じ。むしろリベロはチーム内でも一番声を出し、周りを動かし、盛り上げなければいけない。そこで自分のレシーブ力が活かせるならばチームの力にもなるし、スパイカーとして途中出場するよりもリベロとしてフル出場できるなら、それは自分のためにも、この先また日本代表でプレーする時にも絶対にプラスになる。そう思いました。

何より本音を言えば、少しでも長く石川選手と日本人対決をしたかった。リベロとしてフル出場できるならばそれも叶うかもしれない。監督に「自分がリベロとして、チームを引っ張ります」と答え、リベロとして中学1年生以来の試合に臨みました。

順位でもパドヴァを大きく上回るミラノはチームとして安定していて、全員が落ち着いてプレーをしています。確実な勝ち方を知っているチームで、石川選手はやっぱりすごかった。それほど打数は多くありませんでしたが、1本1本を確実に得点へつなげてきますし、イタリアでのシーズンはもう7年目、落ち着いて、自分のスタイル、プレーを出す安定感がありました。日本代表でやっていた時以上に「すごいな」と思わされましたし、もっともっと自分も頑張らなければいけないと感じさせられました。

試合は0対3のストレート負け。悔しさよりも僕は正直楽しさが上回った試合でしたが、しいて言うならば石川選手にサーブで狙ってほしかったですね（笑）。リベロだし、狙わないだろうな、とは思っていました。実際Aパス（セッターの定位置に返るパス）を返してもサービスエースを取られても嫌だったと思いますが、打ってきてほしかったし、返したかった。

イタリアに来て石川選手にやっと会えた嬉しさはもちろん、海外のトップ選手が集う場所で日本人対決ができるというのは刺激しかなく、1本拾えた、拾えなかったという時の感情、悔しさも全然違いました。今はまだ人数も少ないですが、これからさらに日本人選手が増えて、この環境でバチバチ戦い合えたら、もっと日本のレベルも上がるはずです。

試合後、少し話をする時間もあり「本当にイタリアにいたんですね」と冗談を交じえながらも、石川選手からは「次の試合がめちゃくちゃ大事だね」と言われました。その大事な次戦の相手はビーボ。今度は西田選手との対戦、日本人対決です。僕らは残留する可能性を高めるために、勝利が絶対条件になります。

西田選手のスイッチが入ったサーブは尋常ではないエグさですが（笑）、絶対に狙ってくると思うので、僕も負けずにAパスを返せるように頑張ります！

イタリアでの石川選手との対戦に刺激を受け、当然意識は日本代表に向かいます。まだメンバーが発表されていませんし、僕もどうなるかわかりませんが、今こうしてイタリアへ来ているのも日本代表で結果を出すための選択であり、それがすべて。これからも、日本代表でレベルアップした自分のパフォーマンスを発揮できるように、たとえリベロでもやるべきことをやり抜くだけだと思っています。

まずは今、自分が持っているバレーボールのスキル、力を最後まで出しきって今シーズンを終えた時、次は何を求めないといけないのか。代表に選ばれればまたそこから日本代表でどういう役割を求められているのか、どういう役割を果たしていかなければいけないのか。すべてが必ず明確になってくると思います。今、リベロで出場する機会を与えられたこともプラスだと思いますし、リーダーシップも含め、次へつなげるためにここで学べることは全部学び、日本へ持ち帰って活かしていきたいです。

最後に。2月27日、日本代表で一緒にプレーをさせていただき、とてもお世話になっている藤井（直伸）選手がご自身の病気を公表しました。

多くの方々がそうであるように、僕も驚き、ショックを受けましたが、今の自分にできることは、また藤井選手とコンビを組んで、バレーボールの試合を楽しくできるその日を待ち望み、その日のために強くなることがすべてだと思うし、こうしてバレーボールができることに感謝して、全力で取り組まないといけないということ。

いつ何が起こるか。この1カ月で、考えもしないことが起こり得るということを思い知らされました。自分もいつバレーボールができなくなるか、先のことはわかりません。今、バレーボールができていることは当たり前ではない。だから毎日悔いがないように、自分が決めたことをやり抜いて行くしかないと思います。

また一緒にバレーボールの魅力、素晴らしさを伝えられるように、みんなで乗り越えましょう。藤井さん、僕ももっともっと強くなれるように頑張ります。待っていますよ！

2022.4
at Padova

どのような存在になりたいか

イタリア、パドヴァでのシーズンが終了しました。

12月の全日本インカレを終えて渡欧し、間もなく4カ月。振り返ればあっという間でした。

イタリアでプレーしたいと思った一番の理由は、海外のトップリーグで世界トップ選手たちの高さと対峙したい。スピードサーブやスパイクを日常から受け続けることで、レシーブ力も磨きたいと思ったから。最初は純粋に技術面の向上を求めていました。

でも実際イタリアに来て、こうしてシーズンを終え、「来てよかった」と思うことはバレーボールの技術だけでなく、さまざまな国々の選手と一緒に生活をして、試合をして、深いかかわりを持つことができて、世界が広がったことです。

日本でプレーしている時はまだまだ「若手」と言われますが、イタリアでは僕と同じ年代の選手がトップリーグで当たり前のようにプレーして、活躍しています。これから日本代表として彼らと戦い、勝っていくためには僕も同じように高いプロ意識、マインドを持たなければレベルアップにはつながらないということも実感しました。

できることなら、次のシーズンもまた海外で挑戦できるように。僕ももっと高い目標を持ち続けたいと強く思っています。

そのために、何より必要なのは語学力です。

今回は4カ月という短期だったので、英語でコミュニケーションをとっていましたが、イタリアにいる以上、メインはイタリア語でのやり取りです。監督も僕やカナダ人の選手に対しては英語でやり取りをしてくれましたが、イタリア語がわかれば戦術や監督が求めることをもっと深部まで理解できて、僕が「こうしたい」と思うこともより強く伝えることができるかもしれない。日本にいる時も語学力の必要性を感じることはありましたが、想像以上に大切だと実感しました。

そもそもイタリアへ来る前は、イタリア語どころか英語もほとんど話せませんでした。でもパドヴァ大学の教授に英語を習う環境を用意していただき、それなりの日常会話はできるようになりました。

ただ、まだまだわからないことばかり。耳を慣らすために、海外のコメディを英語で見たり、間違えても積極的に英語で話す努力もしました。チームメイトと食事に行くことも、コミュニケーションを図るだけでなく、僕にとっては語学を勉強する場でした。

イタリアでは、基本的に食事が出てくるタイミングもゆっくりで、食べる人も長い時間をかけてまるでパーティーのように食事を楽しむのが基本です。試合後のディナーに出かけても3時間以上かけるのも普通で、身体の疲れもあって「しんどいな」と思うこともありましたが（笑）、英語を話し、耳を慣らす貴重な時間でした。

日本で勉強していた英語と、現地で発し、聞く英語は全然違う。もっと語学力をつけなければならないということも含めて、多くの学びを得ることができました。

年齢も近く、日本のアニメが好きだったり、チームメイトは気のいい、親切な選手ばかりでしたが、試合や練習になれば一変します。１つひとつのプレーに対して感情を露わにするし、「もっとこうしたい」「こうしてくれ」と激しく要求します。

周りを気にするばかりでなく、自分に矢印を向け、「こうしたい」とぶつかり合う。それぞれが「個」を確立した世界に触れ、改めて思ったのは〝意志〟を持つことの大切さでした。

振り返ればこれまでの僕は、いろいろな方々から「こうしたほうがいいんじゃないか」と言われるたび「ハイ」と素直に聞き、取り入れ、実行してきました。それだけ周りの方に恵まれていたというのもありますが、イタリアでさまざまな選手の考えや行動を見る中で、たとえいろいろな意見があっても、それをすべて聞くばかりでなくさまざまな意見を取り入れながら、「自分はこうしたい」「自分の考えはこれだ」と強い意志を持ち続けなければならないと痛感しました。

将来どんな選手になりたいのか。自分が目指すバレーボール選手像はもちろん、子供たちにとってどんな存在でありたいか。イタリアでは、自分と向き合う時間が増えたことでたくさんのことを考えることができました。

石川選手や西田選手がイタリアにいて、関田（誠大）選手がポーランドでプレーしている。同じ日本代表で戦う選手も、いろいろな道に進んでいますが、もっともっとできること、増やせる道があるのではないか、と考えるようにもなりました。

日本でも牧（大晃）選手が高校在学中からパナソニックに加入するなど、新しい活動も増えてきた。それは最初に石川選手が僕たちにプロとして道を切り拓いていく姿を見せてくれたおかげで、僕もその影響を受けてイタリアに来ました。

そこでまた多くの選手や人たちに触れ、世界が広がっていく。もっともっと、バレーボールの魅力を伝えられる存在になりたいし、まずバレーボールそのものを日本でももっとメジャースポーツにしたい。石川選手のように、僕も子供たちや次の世代に道をつくれる、広げられる存在でありたいし、バレー界をどんどん変えていきたい。（イタリアに）来る前と、来た後では明らかに気持ちも意識も変わりました。

その成果を見せる場が、間もなく始まる日本代表です。

4月4日に今季の日本代表登録選手が発表されました。初めて選ばれた時は自分自身でも驚きましたが、昨年オリンピックも経験し、周りの選手からの見られ方も変化しているかもしれません。何より今年のメンバーは、僕より若い選手も選ばれているので、最年少でもなくなりました。

僕自身はこれまでと変わらずバレーボールや食生活にも取り組んでいこうと思いますが、周りを引っ張っていけるような責任感をこれまで以上に強く持っていきたいと思っています。

今季からブラン監督になりますが、僕自身は2シーズン、ブランさんと一緒にバレーボールをして、いろいろな話をして、イタリアにいる間も「パリオリンピックへ向けて何が大切か」という話も直接してもらいました。

チームからまず求められるのはディフェンス力だと思うので、リベロと一緒にサーブレシーブの中心となりパスを返し、周りの選手が攻撃しやすい環境をつくっていきたい。自分自身もパスからの攻撃参加で、周りの選手とは違う持ち味やスタイルを発揮することも求められている。ブランさんの信頼を得るためにも、これまで以上に高いレベルでプレーし続けたい、他の選手とは一味違う、という武器を磨いていきたいです。

パリオリンピックまであと2年。開催国枠で出場できた東京オリンピックとは異なり、出場するには予選を勝ち抜かなければならず、まずそのOQT（世界最終予選）に出場するためには世界ランキングを1つでも上げることが重要です。

代表発足から間もなく始まるネーションズリーグの1戦1戦がランキングを左右する戦いなので、日本より（ランキングが）下のチームには絶対に負けられないし、上のチームにも食らいつき、1つでも多く勝つことが求められます。すべての試合が本当に重要で、まずはその場に立つための競争が始まります。

オリンピックに出たから、イタリアに行ったから特別という気持ちは全くありません。でも、海外で経験してきたことを自信にして、自分が目指す〝なりたい自分〟につなげるために、結果を出す。それが僕自身にとっても、日本代表にとっても大切で、重要なことです。

イタリアでの初めてのシーズンはあっという間に終わりましたが、次の目標へつなげるために大切なのはこれから。見て下さる方々にも「進化した」「変わった」と思っていただけるように、日本代表での新たなシーズンも頑張ります。イタリアでの日々が、どんな風につながっていくのか。楽しみにしていて下さい。

2022.4 at Padova

2022.8
at Cuneo

日本代表として

約1カ月半に及んで行われたネーションズリーグが終わり、間もなく世界選手権が始まります。

ついこの間、クラブシーズンを終えてイタリアから帰国したばかりだったのに、世界選手権が終われば今年度の日本代表チームの活動は終了。あっという間です。日本代表でも海外遠征が多かったので、日本にいる時間がほとんどなかったから余計にそう感じるのかもしれません。

今大会を迎えるにあたり、僕が一番意識したのはコンディショニングです。

昨年のネーションズリーグは今以上にコロナ対策が徹底されていて、会場はイタリアのみ。約1カ月の間、ホテルと体育館だけを往復するバブル方式で開催されました。感染対策という面で仕方がないことでしたが、リフレッシュする時間がなく、身体的にも精神的にも疲労がたまり、最後までコンディションがいい状態でバレーボールをすることができず、ケガにもつながってしまいました。

その反省を生かし、今大会はとにかくベストコンディションをキープすることを心がけました。技術面は昨年の東京オリンピックやイタリアでの経験が自信にもなったので、まず意識したのは身体づくり。1カ国開催だった昨年と異なり、今大会はブラジル、フィリピンと海外遠征もありましたが、僕自身は移動や時差のしんどさよりも、気持ちがリフレッシュできるのがプラスでした。日本だけでなく、行く先々で本当にたくさんの方々に応援していただけたのも力になりました。

イメージ通りに進む中、唯一誤算だったのは新型コロナウイルスです。

フィリピンラウンドが始まる前の検査で陽性反応が出て、5日間の隔離を余儀なくされました。無症状だったので、身体に影響はなかったのですが、隔離期間はホテルの部屋から出ることができず、行動も限られます。簡単なトレーニング程度はできても、バレーボールの動きにリンクさせるには程遠い。ゼロとは言いませんが、それまでいい感覚で積み重ねてきたものがかなり低い段階まで落ちてしまった。実際練習へ合流できるようになっても、身体をうまく動かすことができず「これで戦っていけるのか」と不安を抱きました。

とはいえ、隔離期間があったことを言い訳にできないと思っていたので、身体の状態や感覚が万全でなくとも、チームが勝つために何ができるかを考えて実践したかった。それが最もいい形で発揮できたのが、3セット目からの途中出場で勝利した予選ラウンド第5戦のアルゼンチン戦でした。

チーム全体で見れば、僕が思う(ネーションズリーグの)ベストマッチは(6戦目の)イタリア戦です。フルセットであのイタリアに対して勝つことができたのは大きな自信になりました。

でも個人的には反省点のほうが圧倒的に多かった。スタメンで出場することができたのは嬉しかったですが、もっとアグレッシブに行けたと思うし、得点を取れるチャンスで取り切れなかった。最後の決勝点が僕のブロックポイントだったので、見て下さった方々からは「すごいね」と言われたのですが、ある意味すごかったのは最後だけ。もっとできた、

2022.8 at Cuneo

という思いが強く残る試合でした。

むしろその前のアルゼンチン戦は、途中出場とはいえずっと課題にしてきた前衛からの攻撃力という点で、手ごたえをつかめた試合でした。世界屈指のブロック力を誇るアルゼンチンに対して、打点や通過点を下げず、うまくブロックを利用して決める。当てるばかりでなく、空いたコースを抜いて決めるなど自分のプレーで流れを変えた手ごたえを得られました。まぎれもなく世界の強豪であるアルゼンチンに対して、自分がやりたいプレーができたというのは大きな自信になり、チームとしてもイタリア戦につながる重要な勝利でした。


チームとして目標に掲げたベスト8進出を果たし、ランキング上位チームにも勝つことができた。その結果以上に大きいのは、日本代表で戦う選手の意識が確実に変化していることです。

以前ならば手が届かないと思っていた相手に対しても、日本がすべきバレーをすれば十分戦える。だから自分たちよりもランキングが下のチームに対しては絶対負けられない、勝たなきゃ、が当たり前。「今日は勝てないだろうな」と思って臨むこと自体がほぼなくなり、世界のトップチームにも確実に近づいているという確信が持てるようになった。しかも誰か1人ではなくチーム全員が同じ意識を持って戦えているというのはとても大きなことです。

では、なぜそう思えるようになったのか。確実に言えるのは、自分たちの強みがわかっているということです。

たとえば、その象徴はサーブ力。日本には石川選手、西田選手というビッグサーバーがいて、効果的なハイブリッドサーブが打てる関田選手もいる。僕もいかに相手を崩せるサーブが打てるかを考え、練習を重ね、手ごたえも感じています。

現代のバレーボールにおいてサーブは勝敗を決める重要な要素であり、サーブで主導権を握ることができればディフェンス力のある日本のブレイク率も上がり、それだけ勝利に近づく。チームとしての総合力、個々の能力が確実に上がっているので世界で互角に戦える。

そして、その自信を裏付けてくれるのが日本はもちろん、世界各国で男子バレー日本代表のバレーを「面白い」と感じて応援してくれるたくさんの方がいることです。これまでのバレーボールは女性のスポーツという見方が比較的強く、特に日本では「女子バレーはラリーが続くから面白いけれど、男子バレーは打ったら決まってしまうから面白くない」という声も聞きました。

今はディフェンス力も向上し、何より今や日本の武器でもあるフェイクセットからの攻撃が象徴するように、試合で石川選手が見せるプレーは単純に「面白い」と見る人を魅了するし、盛り上がる。極端に言えば「フェイクセットを見に来た」という人もいると思うし、そこからバレーボールに興味を持ってもらえるのはとても嬉しいことです。

有観客で行われたネーションズリーグの後、7月30、31日には沖縄で日本代表の紅白戦が行われました。

ネーションズリーグのファイナルラウンドを終えてからすぐの開催で、疲労がたまっていたこともあり、少し休みがほしいと思ったのは事実です。何より、たくさんのお客さんに来ていただく中でプレーすれば、いいところを見せたいと力が入りすぎて思わぬケガをすることもある。それが選手としては一番怖いことなので、始まる前はいろいろな意見もありました。

でも、開催が決定され、この紅白戦をとても楽しみに沖縄へ来て下さった方々もいるだろうし、何より沖縄でバレーボールが開催できること自体めったにないこと。少しでも楽しんでほしいと思ったし、僕自身も、試合とはいえ夏の沖縄に行けることが嬉しくて、ついてすぐにソーキそばを食べに行ったり、朝は海を散歩して、夜は砂浜でヤドカリを探したり、だいぶ満喫しました（笑）。

もちろん自分たちだけでなく、来て下さった方々、配信を見て下さる方にもいかに楽しんでもらうか。〝見せ方〟も考えて、少し工夫しました。

選手入場の際も初日は各々が考えたポーズやアクションでコートに入ったのですが、2日目はさらに違うこともしてみたい、と思いついてしまった。1日目を終えた夜、マネージャーさんに「明日はもっといろいろなところから入りたいです」と僕がムチャぶりをして（笑）、さまざまな入場口や客席から登場させてもらっただけでなく、試合前のウォーミングアップ時も1ついたずらを仕掛けました。

ボールを使う練習前、コートでストレッチをしたり、サッカーをしたり、思い思いの過ごし方をする中、大竹壱青選手が入場してきました。まだバレーボール会場は声を出す応援ができないので、選手が入る時は観客の皆さんが拍手で迎えてくれる。そこに僕も便乗して、大竹選手が入ってきた時に観客の方々へ向けて大きな拍手を求めたら、みなさんが乗ってくれて、まるでスーパースターのような入場シーンを演出できた。大竹選手は恥ずかしそうでしたが、僕からすればしてやったり（笑）。

このワンシーンだけでも、今の男子バレー日本代表が年齢問わず、上下関係なくみんなが仲良く、いい雰囲気でまとまっていることが伝わったのではないでしょうか。

日本時間8月26日夜から、いよいよ世界選手権が始まります。

オリンピックのように、すべての試合がテレビ中継されるわけではなく、なかなか簡単に見ることができず、もどかしい方もいるかもしれませんが、それでも僕はこの世界選手権はさまざまな意味で新しい挑戦であり、チャンスでもあると思っています。

僕たちが結果を残せば、少なからずニュースなどで取り上げていただく機会があるかもしれないし、今はSNSでも広く拡散することができます。僕も積極的にインスタグラムで発信したいと思っていますし、そこから最初は「知らなかった」「あまり興味がなかった」という人たちにも「バレーボールの世界選手権をやっている」と伝わるかもしれない。

目標とするベスト8進出、さらにその上、ベスト4を目指すことはもちろんですが、世界選手権は2年後のパリオリンピックに向けて、本当に大切な大会。結果がすべてです。

1人の選手として、髙橋藍という存在を世界に知ってほしい。そして何よりチームとして求める結果をつかみたい。そのためには日本代表でのシビアなポジション争いを勝ち抜いて、責任を背負って戦いたいと思っています。

1人でも多くの人たちに、日本の男子バレー、バレーボールの魅力が伝わるように。見ていて「面白い」と感じられるようなバレーボールをして、結果を残して帰ってきます。

世界選手権、頑張ります！

2022.9
at Tokyo

世界選手権のフランス戦で痛感したこと

初めての世界選手権が終わりました。結果は12位。目標としていたベスト8に届かず、正直悔しいです。

大会終了直後は、涙も出ないぐらい悔しくて「ああすればよかった」と思うことがたくさんありましたが、でも今こうして振り返ると悔しさ以上に得られたもの、収穫がめっちゃ多かったと思います。決勝トーナメント1回戦で強豪フランス相手にあと一歩で勝利、というところまで近づけたことは自分個人としてだけでなく、日本代表としても成長していると実感できる大会になりました。

1次リーグは2勝1敗。ブラジルに負けてしまいましたが、（開幕の）カタール戦はとてもいい入りができましたし、キューバ戦もただ勝てただけでなく、みんないいパフォーマンスを発揮できたこともプラスとなり、決勝トーナメントを迎える前のチームの状態、雰囲気は最高でした。

個人的なことを言えば、大会中に21歳の誕生日を迎えました。ホテルでサプライズのケーキを用意してもらい、みんなにお祝いをしていただいたのですが、実は前日、ホテルのスタッフの方からネタバレをされていたんです（笑）。

スタッフの方が僕に何気なく「日本にラン・タカハシっているよね。明日が誕生日だからケーキを出すんだ」と言ってきたんです。「いや、それ俺」って。うわーマジか、失敗した、という顔をしていたのもまた面白かったですね。サプライズには気づいていましたが、大会中に祝っていただいたのもいい思い出になりました。

お祝い効果ではないですが、大会を通してずっと好調をキープできたのも大きな自信になりました。昨シーズンや今年のネーションズリーグでは1、2本ブロックに止められるとサーブレシーブでもミスが出てしまったり、攻守で崩れて交代を命じられるケースも少なくなかった。その反省を生かして、世界選手権に向けてCパス（パスが乱れ、攻撃の選択肢が限られている状況）からの攻撃や、サーブをもう一度見直し、いい感覚をつかむことができた。その成果を一番いい形で発揮できたのも最後のフランス戦でした。

1セット目はフランスに大差をつけられたのですが、点差ほどのダメージは正直なかった。「次のセットから切り替えよう」と全員が思っていましたし、実際に2セット目からは安定してサイドアウト（サーブレシーブ側のチームがラリーを制すること）が取りきれるようになりました。

フランスは西田選手に対して、ライン側を空けて、後ろのレシーバーに拾わせる策を取っていたのですが、西田選手のパワーが上回っていたので、関田選手も大事な場面でボールを西田選手に集め、ブレイクを重ねることができた。3セット目以降も西田選手の要所での決定率の高さがチームの好調さにつながっていました。

個人としては、サーブの調子が本当によく、ブレイクを重ねることができたのは自信になりました。

実は大会中にサーブ前のルーティーンを変えたり、サーブを打つ位置を変えました。今まではゾーン1（ネットを正面にしてコート右下）から真っすぐ打つのが得意だったのですが、打つ場所をゾーン5（ネットを正面にしてコート左下）に変え、クロス方向に打つようにしました。サーブレシーブをするとき、右利きの選手がクロスに打つサーブはとりづらい印象があったんです。1次リーグの時はまだサーブの正確性が確立しなかったのですが、フランス戦は完璧に近い形で（サーブを）打ち続けることができてました。

サーブが走ればチームが乗るように、自分自身も他のプレーに磨きがかかります。象徴的だったのが5セット目のスタートでした。

セットカウント2対2で迎えた最終セット、僕は前衛から始まるローテーションで、1本目の攻撃時に関田選手からトスが上がってきました。このセットに入る前から「出だしがめちゃめちゃ重要だ」と考えていたので、そこで自分にトスを上げてもらえることが嬉しかったし、絶対に決めてやる、という気持ちしかなかった。難しいことは一切考えず、でも頭は冷静に。相手のブロックもよく見えていて、振り返ればまさに「ゾーン」に入っていて、感覚が研ぎ澄まされていました。

2点目を決めたスパイクも、実は力が入りすぎてちゃんと手に当たっていなかったんですけど（笑）、ブロックに当たった音が聞こえたので、最初のは「アウト」と判定されましたが「絶対に決まった」という自信がありました。結果的に判定が覆され、2対0、さらに西田選手のスパイクも決まり4対1になった時は「行ける！」と思っていました。

あと11点。でも勝負は簡単ではありません。勝利が見えたことで、僕たちは点数を取り急いでしまいました。

今こうして冷静に振り返ればそれもわかるのですが、あの時はそれすら気づかなかった。無意識に「勝てる！」と思えた試合だからこそ、先ばかり見て取り急いでしまった。1点、1本を見るのではなく、あと2本、3本取りたいと欲が出てしまった。その結果、イージーミスが出た時に必要以上のダメージを与えられたように感じたり、相手のいいサーブが入ってきた時のプレッシャーに押され、焦ってしまいました。

自分たちでリズムをつくることができず、むしろ自分たちでリズムを壊してしまった。経験の差が出てしまって、（点が）取れている時はいいけれど、取れなかった時にどう立て直せばいいのかがわかっていなかった。反対にフランスはたとえリードされても15点までの中でどうやって試合を展開して追いつき、追い越すか。具体的なイメージやプランを持って戦っていたので、僕らがリードしても崩れない。経験の差、強さを実感しました。

それでも、再び逆転して迎えた日本のマッチポイント（15対14）で石川選手にサーブ順が巡ってきた。あの時は完全に「勝てる！」と思ってしまった。いや、正直に言うならば、「祐希さんならやってくれる！」と託す思いしかありませんでした。

しかもその前にフランスはヌガペト選手がミスをした。もともと圧倒的にミスの少ないチームに、あり得ないことが起こって日本にマッチポイントが来た、という状況。ましてやサーブを打つのが石川選手ならば絶対大丈夫、と思って、何もアクションをしなかった。その思いが強すぎたせいか、石川選手のサーブがネットにかかった時、僕を含めた全員が、次に向けたリセットができていませんでした。

今思えば、あの時に一度集まって「もう1本」「この1本を取りに行こう」と落ち着いて声をかけ合っていれば結果は違ったかもしれない。同様に、悔やんでも悔やみきれないのが、ヌガペト選手の試合を決めた最後の1本です。

16対17、フランスのマッチポイントで西田選手のスパイクを拾われて、前衛にはヌガペト選手がいる。絶対に打ってくるとわかっていたので、自分もブロックに跳んで3枚で防ぐべきではないか、と考えながらも僕は行けませんでした。

普通に考えれば絶対に（得意な）クロスへ打ってくるだろうということがわかっていたけれど、技術に長けたヌガペト選手ならば裏をかいてフェイントを落とすかもしれない。自分がブロックに跳べばうまく使われてしまうから、ミドルブロッカーに任せたほうがいいだろう。迷った結果、跳ばなかったのですが、案の定、予想したコースに叩きつけられた。

その瞬間、甘かった、と痛感させられました。

たとえ決められても（ブロックに）行けばよかった。そのほうが後悔は少なかっただろう、と何度も考えました。だからこそ本当に悔しくて、悔しくて。勝てた、と思う試合だからこそ涙も出なかった。同じ経験、思いをしないためにもっと強くならなければならない。自分もワールドクラスの選手にならなければならない、という思いがさらに強くなりました。

そのための選択、決断の1つとしてイタリアでのクラブシーズンを全力で戦うために、大会を終えて間もない9月13日、僕はイタリアへ出発しました。

今シーズンも引き続きイタリアのセリエA・パドヴァでプレーしますが、昨シーズンは12月の全日本インカレを終えてからの合流だったので、チームはすでに出来上がっている状態で、スパイカーとして勝負することができませんでした。試合に出られるかどうかは自分の実力次第ですが、スタート時から勝負するために、少しでも早く行きたいと思い、さまざまな方々の協力を得て、リーグ開幕前の9月から合流することができました。

すべては自分のため、とはいえ現役大学生でもあり、僕の選択に対してさまざまな受け止め方があることは理解しています。でも応援して下さる方々や、今バレーボールをしている子供たちの未来のために、1つのルート、道をつくりたいという思いも僕には強くあります。日本人選手が1人でも多く海外で活躍すればそれだけ夢が広がるし、バレーボール人口も増えるかもしれない。

だからこそ僕は、バレーボール選手・髙橋藍としてはもちろんですが、日本体育大学の看板を背負って世界で戦いたい。2年後のパリオリンピックでも活躍することが、大学への恩返しでもあると思っています。


海外ドラマの『プリズン・ブレイク』に、僕の大好きな、主人公のセリフがあります。

「信じるべきものは、自分だ」

東京オリンピックや日本代表での経験、パドヴァでの経験。個の力を1つずつ上げていかなければならないと感じ、行動に移してきた中、〝自分〟をしっかり持たなければダメだということも強く考えるようになりました。いかなる時でも「自分はこうしたい」と発することができて、行動することができるように、強くなりたい。

自分自身が強くなれば、日本代表にもプラスであるのは間違いなく、たぶんそれは僕だけではなく全員が思っていることであるはずです。もっと強くなるためにイタリアで経験を重ね、成長できる環境の中で自分を磨いて、また新たに変化した姿を皆さんに見ていただけるように。

日本へ帰ってきた時、強さを証明できるように。新しいシーズン、頑張ります!

2022.9　at Tokyo

2022.10
at Padova

今シーズンの目標は「強くなる」

イタリアリーグが始まりました。

昨シーズンは途中からの合流だったのですが、今季は開幕から同じスタートラインに立って勝負ができます。

昨年12月に合流した時も同じように「やってやる」という気持ちはありましたが、チームができあがっていた中に加わったので、お客さん感は否めず、極端に言えば練習生に近い立ち位置でもありました。自分が強くなると決めてチャレンジをしている以上、やはり勝負するにはスタートからだと思っていたので、世界選手権を終えてすぐイタリアに来ることを選びました。

そんな背景もあり、僕自身も気合が入っていましたが、チームメイトも練習から「俺が絶対コートに立つ」「レギュラーを取る」とバチバチぶつかり合っていた。その中で自分のやるべきことを発揮して、開幕戦からコートに立つことができた。また1つ、大きな自信になりました。

僕が所属するのは、昨シーズンと同じくパドヴァ。2シーズン目なので、街にも慣れ、スーパーも自由自在に行けるし、少しずつイタリア語も勉強し始めたので、不便はありません。生活面においてほぼストレスがない中で迎えた開幕戦は10月1日（日本時間2日）、ホームアリーナのキオエネアリーナでモデナと対戦しました。

世界中からトップ選手が集まるイタリアリーグですが、その中で「トップ4」と呼ばれ、多くの優勝回数を誇り、常に上位進出を果たしている強豪チームがあります。昨シーズンの覇者であるルーベ、準優勝のペルージャ、そしてトレンティーノ、モデナ。

今季のパドヴァは開幕戦からモデナ、続いてルーベと対戦する厳しいスタートでしたが、各国の代表選手が多いクラブでもあり、世界選手権から間もないリーグ開幕当初はまだチームとしての完成度もそれほど高くない。勝てる可能性も十分にあると思っていました。

世界のスーパースターが集まるモデナですが、中でも象徴は世界選手権でもフランス代表で対戦したイアルバン・ヌガペト選手、ブラジル代表のセッター、ブルーノ・レゼンデ選手。まだ本調子でないとはいえ、ヌガペト選手のペースにはまってしまうと「何でそれが決まる?」と焦るし、イライラしてしまうので（笑）、まずはやるべきことをやる。そうすれば、チャンスは十分にある。そうシンプルに「やってやるぞ」と思って臨んだモデナ戦では、自分自身としても最高のパフォーマンスを発揮することができました。

日本代表期間からフィジカルコンディションも整っていて、イタリアに来てからも定期的なトレーニングが自分の身体にもフィットした。状態の良し悪しをはかるのはやはりオフェンスが基準になるのですが、チームに合流してからも常にボールが見えている、しっかり叩けている感覚がつかめた。相手のブロックがどんな風についているか、観察しながら打ち分けることもできてとてもいい状態をキープしたまま開幕戦を迎え、その成果が試合でも存分に発揮されました。

リーグ開幕前の練習試合から、セッターのダビデ・サイッタ選手とコンビを合わせてきたので、望み通りのパフォーマンスを試合の最初から最後まで発揮することができた。そして何より力になったのが、ホームでの大きな声援でした。

この数年コロナ禍で、無観客や声を出せない応援が続いていましたが、イタリアではスポーツを取り囲む環境はもう以前と同様のスタイルに戻っています。スタジアムやアリーナには多くの観客が詰めかけ、太鼓を叩いたり、音を鳴らしながら声援が響く。身体の調子がよかったこともありますが、僕は盛り上がった場所でプレーするのが本当に好きなので、満足のいくパフォーマンスを発揮できたと思います。試合も3対2で勝利することができました。

2戦目のルーベとの試合では、試合の立ち上がりはあまり調子がよくなかったのですが、徐々に状態が上がり、身体のキレもよくなった。結果的にスパイク得点やサーブレシーブの返球率で高い数字を残すことができただけでなく、モデナに続いて強豪のルーベにも3対2で勝利することができた。

まだまだもっとパフォーマンスを上げ、結果を求めていきますが、開幕から勝負することを選んでよかった、と思える結果を得られた。1試合1試合、1つひとつの経験が実を結んでいる、成長できている、と実感することができました。

開幕から2連勝という最高のスタートが切れたことも大きな自信になりましたが、自分自身のパフォーマンスが向上している。確かに成長している、と思えたことも僕にとっては大きな自信になりました。

筋力がつき、経験を重ね、今までは止められていた状況でブロックをかわしたり、抜くこと、打つコースの幅が広がったこと。技術面でも「成長できた」と感じるところはありますが、大きな変化は「メンタル」です。

昨シーズンまでと比べて、自信と心の余裕をもって世界のトップ相手に戦うことができている。これは大きな変化でもあります。

さまざまな取材や、多くの方々に向けて話す機会をいただく中、僕は常に「自信がある」と言い続けてきました。でも、本音を言うと自分では「まだまだ」と思っているし、もしも今の段階で満足していたら、これ以上成長する幅はないと思っています。

何に向かって、どこへ向かっていくのか。さまざまな経験をする中、考える機会も増えました。そして自分の中で1つ、ハッキリしたことがあります。

僕が進む道。目指すこと。

それは「強くなる」ということ。

自分のためであるのはもちろんですが、誰かのため、応援してくれる人たちのため、これからのバレーボール界のため、「強くなる」ことがすべてにつながる。

9月の世界選手権で負けた後も、これ以上ないほど「強くなる」必要性を感じました。1つひとつのプレーはもちろん、どんな相手に対しても気持ちを前面に出して「俺が一番強いんだ」という思いを持ちながらも、謙虚さも忘れず、心から「強くなる」こと。

たとえば、試合に負けた日は「どうして負けたのか」「自分の足りない部分は何か」といろいろなことを考えます。もちろんプレーの面で「できなかった」ことを明確にするのは次につながる大切な作業なのですが、「どうしてダメだったのか」とネガティブに考えすぎるばかりでは前に進めない。

アスリートであっても、調子のいい日や悪い日があり、同じ試合でも臨むコンディションはさまざまです。そして自分がどれだけ調子がよく、いいパフォーマンスができても、相手がさらに上回れば勝てないこともあります。そこでいつまでも「どうして」と考えすぎるよりも、むしろ終わったことは終わったことと切り替えて、「今日はすべての力を出し切れなかったけれど、次の試合は出せるようにしよう」「スパイクの調子が悪くてもレシーブで補おう」というプラスのイメージに転換することのほうが必要だと思うようになりました。

そんな作業が「強くなる」ということにつながっている。だから今シーズン、僕はインスタグラムに投稿する時も、必ず最後は「強くなる」という言葉で締めくくるようになりました。

イタリアでのシーズンはまだまだ始まったばかり。勝ったり、負けたり、自分自身も調子がよかったり悪かったり、いろいろなことがこれからもあると思います。でもその1つひとつが、間違いなく成長につながる。

来年のパリオリンピック最終予選は日本で開催することが決定しました。代表戦を日本というホームで戦えるのは何より大きな力になりますが、そこに立つためにはまず日本代表に選ばれなければならない。自分の希望を貫いて、シーズンのはじめからイタリアへ来たのは、イタリアという世界トップレベルの選手が集まる場所で壁を越えたいから。自分のベースや持っている力を底上げしたいと思ったからです。

しんどいこともあるけれど、応援してくれる人がいて、なりたい自分がいる。

強くなる――。

この言葉を胸に、今シーズンも頑張ります。

2022.12
at Padova

「成長できた」1年

ちょうど1年前、僕はイタリア・パドヴァへ渡り、初めての海外生活が始まりました。最初は生活にも慣れず、イタリアのスーパーで食材を買って料理をしてもお腹を壊したり、新年のカウントダウンの爆竹音にびっくりしたり。昨シーズンはイタリアで中学生以来となるリベロも経験しました。

セリエA、そして日本代表。あっという間に時が過ぎ、日本にいた日々よりも海外で生活した時間のほうが長かった２０２２年も気づけば12月になりました。

10月に開幕したバレーボールのセリエAもひと月半が過ぎ、最初こそ連勝スタートできたものの、力が拮抗したリーグでなかなか勝利を挙げることができず、苦しい戦いが続いています。長いシーズンの中には、いい時もあればうまく行かない時もあり、その時々でいかにメンタルを保ち、試合に臨む気持ちをつくりつづけるか。「勝ちたい」という気持ちは全員同じであるのに、なかなか1つになり切れず、今は勝つことの難しさを実感しています。

そんな中、11月13日には久しぶりに石川祐希選手と再会しました。

ホームパドヴァでのミラノ戦、昨シーズンも同じ試合があり、石川選手と顔を合わせることはできましたが、その時僕はリベロとしての出場に留まりました。今回は同じアウトサイドヒッターとして石川選手と対戦する初めての機会。とても楽しみでしたが、自分でも驚くぐらい実は緊張感があって、石川選手を意識しすぎて余分な力が入ってしまいました。

もともと僕にとって憧れの存在で、尊敬する選手と対戦できるということもありますが、日本代表ではチームメイト。「負けたくない」という気持ちが強すぎる反面、ブロックで対峙する時には石川選手のところに打ちたくない。石川選手に止められたら嫌だな、という気持ちが本能的に働いてしまいました。無理に点を取ろうと急いでしまい、普段は高さを出せるスパイクの通過点が低くなり、相手ブロックにかかってしまった場面も多く、試合も1セットを先取しながらの逆転負け。個人としては反省が残る試合になりました。

でもそれは石川選手も同じだったそうで、試合を終えてから僕が「力が入りすぎちゃいました」と伝えると、石川選手も「やりづらいわ」と（笑）。ネットを挟んで見る石川選手からは、そんなことなど全く感じませんでした。僕から見れば常に余裕があり、冷静で、たとえブロックに止められても動じないし焦らない。僕らがリードしていた2セット目も石川選手のサーブからブレイクされて流れを与えてしまいましたし、試合中の振る舞いを見ていても石川選手がチームで信頼されているのが伝わってきました。チームを勢いづけ、軸となる選手。改めて石川選手の凄みを感じる試合でもありました。

試合は悔しい敗戦でしたが、終われば僕にとっては久しぶりに石川選手とゆっくり話ができる、待ちに待った時間でした。試合終了後の19時に予約したレストランへ2人で行き、それから気づけば23時。その日は石川選手がホテルに宿泊し、翌朝のモーニングも一緒に食べたので、延べ6時間以上、お互いの話が止まらない（笑）。

今のイタリアリーグの現状や、各チームをお互いどう見ているかなど、普段なかなか聞くこと、知ることのない目線からいろいろな話を聞くことができて、本当にあっという間。

一瞬でした。石川選手と同じイタリアでプレーできているからこそ過ごせた、本当に貴重な、とても楽しい時間になりました。

そして改めてこの1年、２０２２年を振り返ると自分自身「成長できた」と感じられる1年になりました。

まず顕著なのは、身体の変化です。昨年末、大学での試合を終えてパドヴァへ来たばかりの頃は76kgだった体重が、４カ月イタリアでのシーズンを過ごし、その間試合期でもしっかりウェイトトレーニングを積み重ねることができた結果、６kg増えて82kgになりました。

筋肉量が増えたというと「身体が大きくなりすぎて大丈夫なの？」と思う方もいるかもしれませんが、ただ肥大させるのではなく専門のトレーナーの指導を受け、バレーボールに必要な筋力へアプローチします。身体が大きくなるというよりも、さらに高く跳ぶ、より速く動くための筋肉をつける。僕の中ではそういうイメージで、実際にジャンプ力も増し、明らかにスパイクを打つ時の高さも変わり、打てるコースやボールの重さに変化を感じられるようになりました。その結果、日本代表でもシーズンを通してケガもなく、試合に出場し続けることができた。世界選手権のフランス戦が象徴するように、確実に「成長できている」と感じられる試合もできるようになりました。

あっという間に1年が過ぎ、またありがたいことにこうして今、僕はイタリアにいます。4年前、携帯電話のサッカーゲームに夢中だった高校生の僕に、「4年後はイタリアにいて、同じチームメイトのドイツの選手とサッカーワールドカップの日本対ドイツ戦を一緒に見ているよ」と言っても信じられないですよね。考えもしなかったことが1つひとつ現実になり、サッカーワールドカップの日本代表を見ていても、競技は違いますが同じ日本代表

2022.12 at Padova

として刺激もプレッシャーもいただいています。そして自分たちも「もっと頑張ろう」と思いますし、気持ちも高まっています。

スポーツには国境がない。サッカーワールドカップを見ているとまさにその通りだな、と思いますし、実際ドイツ戦で2対1で日本が逆転勝ちした後、練習に行くと体育館のロッカールームでチームメイトが「ニッポン！　ニッポン！」と僕を迎えてくれた。ヨーロッパに住む彼らはサッカーに精通していて、ワールドカップがどれほどの大会かわかっているから、そこで日本がドイツに勝つ凄さも知っている。だからごく自然に僕のことも称えてくれる。それこそがスポーツを通しての交流であり、いろいろな人にスポーツを通して感動を与えられるって素晴らしいな、と実感しました。もちろん、ドイツ人の選手は落ち込んでいましたけど（笑）。

ケガもなく、成長を感じることのできた1年を過ごすことができたのは、いろいろな方々の支え、サポート、応援して下さる方々がいたおかげです。この1年も自分らしいプレーを存分に出して戦うことができました。ありがとうございました。感謝の気持ち、謙虚な気持ちは23年も変わらず持ち続けながら、もっともっとスキルアップして結果を残せるように。それが恩返しになるように、来年ももっともっと頑張ります。

バレーボールを盛り上げる気持ち。そして自分自身が強くなるための努力を欠かさず、来年も日本代表に選ばれる選手となり、活躍できるように。あまり先ばかりを見すぎず、目の前の1つひとつに集中して、自分自身の成長につなげていきたいと思います。

地元京都で夏休み

Summer

夏の京都は
ほんまに暑い…

木陰は涼しいで

何食べる？

桂川、癒されるわぁ

後ろに
見えんのが
渡月橋やで

平日は人も少な目やなぁ

人力車に乗るの、
初めてなんですけど
よろしくお願いします

いろんな
歴史を教えて
もらえんのは
ええなあ

嵐山の竹林は
静かで
気持ちええわ

人力車でしか入れへんところに連れてきてもらったわ

お願い。
お金を
DON
て下さい。
COIN

お地蔵さん
みっけ

「えんむすび」祈願しとこか?

野宮のじゅうたん苔
嵯峨野めぐり

ガチ！（笑）

EMPORIO ARMANI

先輩、お久しぶりです！
PETIT BONHEUR
Pick up
抹茶クリームブリュレ
抹茶アイス入り
Green Tea Cream Brule
DRINK MENU
100% オレンジジュース ¥380
100% アップルジュース ¥380
ハニーレモン ¥380
ハニーレモンソーダ ¥420
コーヒー ¥400
カフェラテ ¥450
COLD MENU
EMPORIO ARMANI

小さい頃
よく遊んだ
清涼寺

ハイ、あげる

地元はほんま
リラックス
できるわぁ

Every time I see it,
I cannot help smiling at myself.
Giorgio Armani

Tシャツ
可愛いやろ

まだついてこれる?

MIKASA

さあ、バレーボールで遊ぼっか

小さい頃
毎日遊んだ
公園やねん

兄の塁と
いつもここで
バレーボール
してたんやで

MIKASA

Autumn

adrenalina

adrenalina
PALLAVOLO
PADOVA

PALLAVOLO
adrenalina

TECNOGAS
14
stiferite

PADOVA
15
ARC
ingegneria
adrenalina
COS.IDRA.
13
ELETTROVENETA
ELETTROVENETA
adrenalina